초등
저학년
수수께끼

와이 앤 엠

차 례

초등
저학년
수수께끼

지혜

◆ 위에서는 쓰이는 일이 없고 밑에서만 사용하는 것은?

◆ 아프지 말라고 하면서 엉덩이를 때리는 사람은?

◆ 누가 뭐래도 정말로 우습게 이름난 사람은?

◆ 가장 알찬 장사는?

책받침   간호사   개그맨   계란장사

🖎 말을 빠르게 하기 위해서 온갖 노력을 다하는 사람은?

🖎 어떤 차가 200km 속도로 달렸다. 그 운전자가 몇 시간 후에 간 곳은?

🖎 병든 자여 모두 나에게 오라고 외치는 사람은?

🖎 비행기 안의 화장실을 다섯 자로 말하면?

🖎 아홉 명의 자식을 세 자로 줄이면?

경마기수 경찰서 고물장수
공중화장실 아이구

헌병을 잡아가는 사람은?

하루종일 네거리에서 춤을 추는 사람은?

바가지를 쓰고 있는 사람은?

주먹을 쓰면 쓸수록 돈을 버는 사람은?

속상한 사람이 많을수록 돈을 버는 사람은?

고물장수	교통경찰	군인
권투선수	내과 의사	

만두 장수가 가장 싫어하는 말은?

남의 목을 조여야 돈을 버는 사람은?

새 발의

피 때문에

피를 본 사람은?

돈을 벌기

위해 비

비꼬는 사람은?

비는 비인데 사람을 홀리는 비는?

속터진다　　　넥타이장사　　　놀부
꽈배기장사　　　도깨비

11

자기는 도시락을 싸들고 다녀도 남이 도시락 싸들고 다니면 말리는 사람은?

남의 이름을 거꾸로만 쓰는 사람은?

가장 무거운 아이는?

도시락장사   도장파는 사람
돌아이

🍃 놀면서 돈 버는 사람은?

🍃 미국 사람

중에서

자전거를

가장

못타는 사람의 이름은?

🍃 모범생이란?

🍃 돈을 벌려고 못 쓰는 일만 찾아다니는 사람

은?

🍃 벌거벗어야만 들어갈 수 있는 곳은?

레크레이션 강사 　　　　 모타싸이클
모든 게 평범한 학생 　　 목수 　　 목욕탕

나무로 밥을 만드는 사람은?

우리나라에서 김이 제일 많이 나는 곳은?

공주는 공주 공주인데 사람 대접 못받는 공주는

난 공주예요~!

뭐라고? 다시 말해봐!

사람의 목덜미에 칼을 대야만 돈을 버는 사람은?

공은 공인데 가지고 놀 수 없는 공은?

목수   사우나탕   인어공주
   면도사   뱃사공

✏️ 아무리 만원 버스라도 항상 앉아서 가는 사람은?

✏️ 갓 태어난 병아리가

먹는 약은?

✏️ 배울 것은

다 배웠는데

여전히 배우라는 소리를 듣는 사람은?

✏️ 먼저 타고 나중에 내리는 사람은?

✏️ 권투 선수가 세계 챔피언이 되겠다고 하면서 하는 다짐은?

"이얍~! 난 할 수 있어!"

버스 운전사　　삐약　　　　　　배우
　　　뱃사공　　　주먹다짐

15

🖊 공은 공인데 물 위로만 돌아다니는 공은?

🖊 두 장에다 두 장을 더하면?

🖊 눈 깜박할

사이에

돈을 버는

사람은?

하하하   글쎄?   큰 모자

🖊 변호사, 검사,

판사 중에서

누가 제일 큰 모자를 쓸까?

뱃사공   사장   사진사   머리큰사람

16

한국 최초 그룹 다이빙을 한 팀은?

돈이 많은 사람을 거부라고 한다. 그렇다면 말이 많은

사람은?

착각

했기에

돈을

버는

사람은?

감은 감인데 쳐다보기 어려운 감은?

삼천궁녀   마부   사진사   상감

🔹 새치기를 잘하면 돈을 버는 사람은?

🔹 비행 소녀를 영어로 말하면?

🔹 소금 장수

　가 좋아

　하는

　사람은?

🔹 숙제를 안 해

　와도 혼나지 않는 사람은?

새장수　　　　스튜어디스　　싱거운 사람
　　　　　　　　선생님

한국 최초의 다이빙 선수는?

씨는 씨인데 심어도 싹이 나지 않고 심을 수도 없

는 것은?

주머니는

주머니인데

돈을 못 넣는

주머니는?

이런~!

기적을 가장

많이 일으킨 사람은?

공을 차려다 신발이 날아간 아이는?

심청이   아저씨   아주머니
   역도 선수   신나는 아이

불을 끄지 않고는 도저히 잠을 이룰 수 없는 사람은?

언제나 남의 눈만 들여다보면서 사는 사람은?

병 주고 약 주는 사람은?

돈을 벌기 위해서는 자꾸 망쳐야 하는 사람은?

언제나 무게 잡는 것을 중요하게 생각하는 사람은?

소방관   안과의사   약사   어부
역도 선수

📎 배울 것은 다 배웠는 데도 계속 배우라는 말을 듣

는사람은?

📎 비오는 날 신나게 돌아다니는 사람은?

📎 배워서 남

주는 사람은?

"그만 먹고 싶어~"

두 글자로 줄여서 말하지..
00이라고~
하하하

"에이구 이런 미련한..."

📎 미련한

남자를 두

글자로 줄이면?

📎 임금들이

좋아하는 비는?

배우   우산장수   선생님   미남 왕비

21

할머니들이 좋아하는 감은?

손님이 깎아 달라는 대로 깎아 주는 사람은?

병원에 들어갈

때는 무겁고,

나올 때는

가벼운 사람은?

사자 중에

착한 사자는?

가슴의 무게는?

때리는 일이 직업인 사람은?

영감 이발사 임산부 자원봉사자 두근 권투선수

세종대왕이 요즘도 돈을 벌고 있다. 무슨 일로 벌고

있을까?

혼자서 높은

곳에 올라가

가느다란

막대기를

휘두르면서

춤을 추는 사람은?

지는 것이 돈 버는 일이라고 열심히 지기만 하는

사람은?

자기가 말하고도 모르는 것은?

조폐발행   지휘자   짐꾼   잠꼬대

신부는 신부인데 신랑이 없는 신부는?

모래판에서만 태어나는 장사는?

쓸만한 구석이 전혀 없어도, 열심히 찾아서 쓸 수밖에 없는 사람은?

못 팔고도 돈을 버는 사람은?

남의 이름을 거꾸로만 쓰는 사람은?

아무리 멀리 가 있어도 멀어지지 않는 사람은?

우습게 봐 줄수록 좋다고 하는 사람은?

천주교 신부　　　천하장사　　　청소부　　　철물점 주인
도장파는 사람　　　친척　　　코미디언

✏️ 탈이 없으면 아무 것도 할 수 없는 사람은?

✏️ 항시 손님을 뒤에 두고 일하는 사람은?

✏️ 벼락부자가 되려면 무슨 장사가 좋을까?

이 춤을 꼭 춰야 해?

글쎄?

영차!

영차!

✏️ 한 명이건, 여러 명이건 다 한 사람이라고 하는 것은?

✏️ 새발의 피 때문에 팔자를 고친 사람은?

✏️ 비로써 인정을 받는 사람은?

| 탈춤 추는 사람 | 택시기사 | 한의원 |
| 흥부 | 환경미화원 | |

도둑이 가장 싫어 하는 아이스크림은?

머리를 감을 때

가장 먼저 어디를 감을까요?

가까이 있으면

서도 서로 못

보는 것은?

새 중에서 가장 빠른 새는?

발로도 긁을 수 없는 등은?

누가봐   눈   눈과 눈썹   눈 깜짝할 새   손등

◆ 가까이 있으면서도 서로 못 보는 것은?

◆ 방은 방 인데 사람이 들어갈 수 없는 방은?

◆ 낮에

보아도

밤인 것은?

◆ 벌리면 네

가닥, 오므리면 한 가닥인 것은?

◆ 우리가

보면 자기도 보는 것은?

눈   가방   먹는 밤   가위   거울

주기에 받아서 내 이름까지 써 놓았더니 다시 뺏어가는 것은?

닦으면 닦을수록 더러워지는 것은?

까만색을 칠해야 깨끗해 지는 것은?

물은 물인데 아주 오래된 물은?

늘 때리면 때리는 대로 맞고 사는 것은?

시험지　　걸레　　검정구두　　고물　　공

위에서는 제 얼굴을 만지고 밑에서는 그네 타는 것은?

빛으로 만들어졌는데도 어두운 것은?

아무리 빨리 달려도 절대로 앞차를 따라 잡지 못하는 차는?

세상에서 가장 깨끗한 소는?

속이 빌수록 더욱 더 요란한 소리를 내는 것은?

괘종시계   그림자   기차의 객차   청소   깡통

한 번도 빛을 쬔 적이 없는 것은?

살아 있을 때는 움직이지 않고, 죽어야 움직이는 것은?

위에서 아래로 내려올 수만 있는 산은?

중학생과 고등학생이 타는 차는?

얼굴을 붉히면 붉힐수록 사람들이 좋아하는 것은?

사시사철 언제나 겨울인 것은?

그림자   나무   낙하산   중고차   난로   냉장고

🔹 펭귄이 다니는 고등학교는?

🔹 떨리는 사람의 가슴 무게는?

🔹 먹지 않

고도

달다고

하는 것은?

🔹 구멍

속으로 부지런히

얼굴을 들이 밀었다 나갔다 하는 것은?

🔹 아무리 많이 모아도 결국에는 버리는 것은?

냉장고　　　네 근(두근두근)　　　단잠　　　단추　　　쓰레기

작지만 세상을 다 담을 수 있는 것은?

부자가 되면 죽는 것은?

산보고 절하는 것은?

보는 사람마다 다르게 보이는 것은?

총은 총인데 쏠 수 없는 총은?

머리로 먹고 옆구리로 토하는 것은?

눈   돼지 저금통   디딜방아
거울   말총   맷돌

🖊 감은 감인데 어른보다 어린이가 더 좋아하는 감은?

🖊 가지도 없이 잘 자라는 것은?

🖊 빵은 빵인데 먹지 않고 걸치고 다니는 것은?

🖊 우리나라에서 김이 가장 많이 나는 곳은?

🖊 나갈 때나 들어올 때나 등에 지는 것은?

장난감   머리털   멜빵   목욕탕   문

땅바닥보다 조금 높게 있는 바닥은?

밥 먹기 전에 세수하고, 밥 먹은 후에 또 세수하는 것은?

깊은 골 짜기에서 피리 부 는 것은?

아무리 쓰려고 해도 내게 맞지 않는 탈은?

개를 싫어하는 사람도 자기 전에 꼭 타는 개는?

발바닥   밥상   방귀   배탈   베개

남이 먹어야 맛있는 것은?

곰이 목욕하는 곳은?

먹어도 먹어도 배부르지

않은 것은?

자는 자인데

못 재는 자는?

물은 물인데

사람들이 가장

무서워하는 물은?

세탁소 주인이 가장 좋아하는 차는?

골탕   곰탕   공기   국자   괴물   구기자차

🖊 사왔다고 하면서도 못 사온 것은?

🖊 먹을수록 하얗게 되는 것은?

🖊 사자를 넣고

끓인 국은?

그럼뭐해.. 먹을 수가 없어! 떡이 맛있어 보인다~

🖊 늙으면 발가

벗고 집을

뛰쳐나오는 것은?

🖊 엿장수가

가장 싫어하는 쇠는?

못   머리카락   동물의 왕국   파   구두쇠

바람이 불면 가만이 있다가 바람이 멈추면 흔들리는 것은?

맨날 얻어 맞고 비틀리고 눈물만 흘리는 것은?

다리 두 개에 갈비뼈만 앙상한 것은?

오래된 것일수록 젊거나 어려 보이는 것은?

하늘에 별이 없을 때 뭐라고 말할까?

하얀 개와 검은 개가 만나면 싸우는 것은?

공부해서 남 주는 사람은?

비는 비인데

도리어 불을

일으키는 비는?

미끄럼 타고

번개치는

것은?

다섯 형제가 톱 하나씩 들고 있는 것은?

바둑   선생님   성냥개비   성냥   손가락

궁둥이만 태우고 밥 얻어 먹지 못하는 것은?

등 위에 배꼽 달린 것은?

자신이 마를수록 젖는 것은?

고개 숙이고 눈물 흘리는 것은?

가장 멋 없는 춤은?

솥   솥뚜껑   수건   수도꼭지   엉거주춤

🔖 사람이 일생동안 가장 많이 하는 소리는?

🔖 신은 인간을 창조했다. 그러면 신을 창조

하는 곳은?

🔖 낮에는 사람의

발을 물고,

밤에는 크게

입을 벌리고 하품하는 것은?

🔖 가난해도 부자, 넉넉해도 부자라고 불리는

것은?

숨소리　　　신발공장　　　신발　　　아버지와 아들

바로 눈앞을 막았는데도 잘 보이는 것은?

일을 하면 할수록 키가 작아지는 것은?

물고기가 살 수 없는 강은?

무는 무

인데 늘었다

줄었다

하는 무는?

안경   연필   요강   고무

🔖 걸치면 움직이고, 벗어 놓으면 움직이지 못하는

것은?

🔖 어떤 옷을

입혀 주거나

불평하지

않고 입고

있는 것은?

🔖 옛날엔

사람들이 많이 타던 강인데 요즘엔 더 이상

볼 수 없는 강은?

🔖 사각형의 동생은?

옷   옷걸이   요강   사각

동화는 동화인데 읽지 못하는 동화는?

불은 불이라도 켜지 못하는 불은?

여름에는
나지 않고,
겨울에만
나는 것은?

다 자랐는데도
계속 자라라고
하는 것은?

밟을수록 달아나는 것은?

운동화   이불   입김   자라   자전거

◆ 자기가 하고도 무슨 말을 했는지 통 알 수 없는

것은?

◆ 최대 90명까지

탈 수 있는

잠수함이

68명이

타니까

가라앉았다. 이유는?

◆ 뼈도 살도 피도 없는 손가락은?

◆ 타면 탈수록 점점 없어지는 것은?

◆ 빨간 얼굴에 검은 주근깨 투성이인 것은?

잠꼬대   잠수함은 원래 가라 앉으므로   장갑
장작   딸기

내려가면 올라가는 것은?

입과 귀가 한 곳에 붙어 있는 것은?

아무리 늘어

나도 체중은

그대로인 살은?

보내기 싫은

사람은 어떻게

하나?

궁둥이에 불을

때면 화가 나서 푹푹 입검을 뿜어 내는 것은?

시소   전화   주름살   가위나 주먹   주전자

아무리 끊고 또 끊어도 절대로 짧아지지 않는 것은?

늘어도

빨라도 항상

기다려

주는 것은?

아기도

아닌데 등에 업혀

학교에 가는 것은?

낮에는 낮아지고 밤에는 높아지는 것은?

아무리 빨리 돌아도 한자리에서 도는 것은?

전화   집   책가방   천장   물레방아

✏️ 나오면 다시 들어가기 어려운 것은?

✏️ 나가면 다시 돌아오지 못하는 것은?

✏️ 이 세상을 못쓰게 만들고 있는 것은?

✏️ 움직이는 집은?

집이 움직이잖아?

치약   총알   충치   가마

이상한 사람들만 가는 곳은?

먹지 않고 뽑는 약은?

닦으면 닦을수록 까맣게 되는 것은?

온갖 것을 알려 주고, 즐겁게 해 주면서도 바보 소리를 듣는 것은?

가운데에 큰 구멍이 났는데도 물에 가라앉지 않는 것은?

치과　치약　　칠판　　텔레비전　튜브

🔖 알도 아닌데 알이라고 하는 것은?

🔖 사냥 도구 중에 가장 값이 싼 것은?

🔖 치고 때려야만

　살아남는 것은?

🔖 인정도 없고

　눈물도 없는

　몹쓸 아비는?

🔖 아프지도

않은데 집에서 매일 쓰는 약 이름은?

밥알　　파리채　　팽이　　허수아비　　치약

자연

● 가랑잎으로 만든 비는?

● 여름에는 들어가도 겨울에는 못 들어가는 것은?

● 낮이나 밤이나 쉬지 않고 가는 것은?

● 다리는

다리지만

걷지 못하는

다리는?

● 지나갈 때는 못 가게하고, 안 지나갈 때는 가게 하는 것은?

가랑비   강   강물   사람이 다니는 다리   건널목 차단기

한 번 가면 다시 돌아올 줄 모르는 것은?

불은 불인데 켜지 못하는 불은?

땅을 보며 밑으로 자라는 것은?

아무리

마셔도

배탈이

나지 않는 것은?

자랄수록

머음직스럽고 몸이 고와지는 것은?

소 중에서 가장 예쁜 소는?

강물　검불　고드름　공기　과일　미소

배부를 때나 배고플 때나 쉬지 않고 먹어야 하는 것은?

두꺼울수록 더 잘 새는 것은?

있으면 안 보이고 없어야 보이는 것은?

아래로 먹고 위로 나오는 것은?

조개는 조개인데 먹을 수 없는 조개는?

울타리 아래 아이 업고 서 있는 것은?

공기   구름   구름과 해   굴뚝   보조개   옥수수

그늘에만 들어가면 달아나는 것은?

세상에서 제일 긴 것은?

누구를 보든지

늘 소리

없이

방긋방긋

웃는 것은?

양초가 가득

차 있다를 세 자로 줄이면?

물에 젖을수록 무거워지는 것은?

남의 것은 절대 보지 못하는 것은?

그림자   길   꽃   초만원   솜   꿈 가장 귀하고도 흔한 것은?

더울 때는 옷을 입고, 추울 때는 옷을 벗는 것은?

물은 물인데 꼭꼭 씹어 먹어야 하는 것은?

자기 혼자서 마음대로 갈 수 있는 나라는?

가만히 있어도 못 잡는 것은?

별은 별인데 가장 슬픈 별은?

갓 쓰고 한평생 부엌에서만 사는 것은?

공기 나무 나물 꿈나라 그림자 이별 솥

바람이 불면 좋아서 춤을 추는 것은?

물은 물인

데 꼭꼭

씹어 먹어야

하는 것은?

더울 때는

눈물 흘리

고, 추울

때는 꽃을 뿌리는 것은?

나무　　나물　　구름

세상에서 가장 작은 시장은?

연세가 많으신 할머니, 할아버지들이 가장 좋아하는 폭

포는?

가을 소식

을 전하는

나뭇잎은?

추우면

짧아지고

더우면 길어지는 것은?

돈 주고 병 얻으러 다니는 사람은?

낮에는 할 수 있고 밤에는 할 수 없는 것은?

벼룩시장   나이야가라   낙엽   낮   엿장수   낮잠

56

✏ 새빨갛게 불타도 연기가 나지 않는 것은?

✏ 온 세상에 흰옷을 입히는 것은?

✏ 굴리면 굴릴수록 커지는 것은?

✏ 빛깔은
흰색인데
보라라고
하는 것은?

✏ 사람은
사람인데
녹는 사람은?

노을　눈　눈덩이　눈보라　눈사람

이 세상에서 해를 가장 싫어하는 사람은?

한 살에서 열다섯 살까지 자라다가 다시 작아지는 것은?

가을 산을 벌겋게 불붙게 하는 것은?

다리 없이 하늘을 오르내리는 것은?

낮에는 숨어 있다가 밤에는 슬금슬금 나오는 것은?

소금 장수가 좋아하는 사람은?

눈사람   달   단풍   달   달과 별   싱거운 사람

58

여름에 먹는 것인데 아무리 먹어도 배부르지 않는 것은?

엉덩이에 모자를 쓰고 배꼽에 털이 난 것은?

굴은 굴인데 못 먹는 굴은?

물은 물 인데 못먹는 물은?

밤에는 살고 낮에는 죽는 것은?

산에 숨어서 남의 흉내만 내는 것은?

여름밤에 물가에서 날아다니는 불은?

더위 도토리 동굴 동물 달 메아리 반디불이

어느 곳에 가더라도 하나씩밖에 없는 것은?

바닷가에 서서 밤마다 커다란 눈을 껌벅거리는 것은?

건너 산을 보고 절을 하는 것은?

전세계의 어떤 말이 라도 다 따라할 수 있는 것은?

찾아오는 등산객이 없어도 늘 많다고 하는 산은?

곤충인데 벌레잡이 그물을 만드는 곤충은?

동서남북   등대 디딜방아   메아리   마니산   거미

봄이 되면 농부들이 모두 모여서 하려고 하는 것
은?

개 중에서 자장 아름다운 개는?

미련한 사람들이 즐겨 먹는 물은?

오르면 오를수록 나쁜 것은?

내려가기만 하고 올라갈 줄은 모르는 것은?

음매음매 우는 나무는?

모내기   무지개   맹물 물가 물 소나무

🔹 개는 개인데, 잡을 수 없는 개는?

🔹 하나에 하나를 보태도 하나가 되는 것은?

🔹 베어도 베어도 베어지지 않는 것은?

🔹 다리로 올라가서 엉덩이로 내려오는 것은?

🔹 물을 만나야 빙글빙글 돌아가는 것은?

무지개   물방울   물   미끄럼틀   물레방아

남자들이 싫어하는 주방기구는?

이 세상에서 가장 돈이 많은 나무는?

하얀 개와
검은 개가
만나기만
하면 싸우
는 것은?

똑같이 걸어가
는데 앞뒤 자리가 자꾸 바뀌는 것은?

걸어갈 때 뒤에 꼭 남기는 것은?

겨울에만 피는 꽃은?

바가지   은행나무   바둑   발걸음   발자국   눈꽃

더울 때 짧아졌다가 추워지면 길어지는 것은?

잘라도 잘라도

잘려지지 않는 것은?

까만 하늘에

은가루를

뿌려 놓은 것은?

못은 못

인데 물만 차고 쓸 수 없는 못은?

다른 때는 안 짖고 비가 올 때만 짖는 개는?

가장 뜨거운 복숭아는?

손도 없이 나무를 흔드는 것은?

밤   물   밤하늘의 별   연못   번개   천도복숭아   바람

세상에서 가장 빠른 개는?

동에 번쩍 서에 번쩍하는 것은?

거꾸로 매달린 집에 천 개의 문과 만 개의 방이 있는 것은?

낮에는 숨고 밤에는 나오는 것은?

자리는 자리인데 깔지 못하는 자리는?

개구리가 낙지를 먹어 버리면 무엇이 될까?

무엇인지 모르지만 자꾸 보겠다고 하는 것은?

번개 번갯불 벌집 별 별자리 개구락지 보리

하늘에서 누는 똥인데 밤에만 보이는 것은?

온 몸에 털이 난 곡식은?

얼음이 녹으면 물이 되고, 눈이 녹으면 무엇이 될까?

밤에 보아야 아름다운 꽃은?

똥은 똥 인데 튀 어다니는 똥은?

신경통 환자들이 가장 싫어하는 악기는?

별똥   보리   봄   불꽃   불똥   비올라

아래로만 내려오고 절대로 위로 올라갈 수 없는 것은?

하늘에 있는 국자는?

펭귄이 다니는 대학교는?

그리려고 해도 도저히 그릴

수 없는 것은?

물고기의 반대말은?

캄캄해야지만

보이는 것은?

젊을 때나

늙을 때나 항상

푸른 옷만 입는 것은?

비   북두칠성   빙하시대   소리   불고기   별   사철나무

방울은 방울인데 흔들어도 소리나지 않고 나무에 매달려 있는 것은?

깜박깜박 잘 잊어버리는 사람이 좋아하는 산은?

방에 불을 켜면 가장 먼저 도망가는 것은?

때려야 되살아 나는 것은?

닭이 열 받으면 어떻게 될까?

솔방울   아차산   어둠   팽이   프라이드 치킨

✏️ 자기 집을 등에 지고 이사하는 것은?

✏️ 나이를 먹을수록 살찌는 것은?

✏️ 날개 없이 날아가는 것은?

✏️ 못은 못인데

박을 수

없는 못은?

✏️ 팔수록 깊

어지는 것은?

✏️ 소리가 있

어도 보이지 않는 것은?

✏️ 박은 박인데 농사에 해로운 박은?

달팽이　열매　풍선　연못　우물　우레　우박

머리를 풀어헤치고 하늘로 올라가는 것은?

빛보고 큰소리 치는 것은?

빛이 나면 소리가 대답하는 것은?

베개를 수 없이 많이 베고 누워 있는 것은?

어떤 경우에도 하지 말라는 말을 하지 않는 것은?

벌레 중에서도 가장 빠른 벌레는?

연기 천둥 천둥과 번개 철도 해 바퀴벌레

70

🧼 타면 탈수록 더 떨리는 것은?

🧼 낮에는 살고

　밤에는

　죽는 것은?

🧼 세계에서

　가장 큰 산은?

🧼 바닷가

　에서 바람결 따라 춤추는 것은?

🧼 코 위에 뿔이 난 것은?

그러게 심보를 곱게 써야지!

내 코에 뿔이 났어!

추위　　태양　　에베레트산　　파도　　코뿔소

해 보고 우는 것은?

아래로는 못가고 위로만 올라가는 것은?

큰소리치고 불을 토하지만

모양은 볼 수 없는 것은?

어두울수록 잘

보이는 것은?

날지 못하

는 제비는?

개 중에서 가장 큰 개는?

얼음   연기   천둥   하늘의 별   족제비   안개

동식물

자기들만 옳다고 생각하는 사람들이 사는

집은?

구두쇠가 가장

좋아하는 숫자는?

호랑이도

무서워

하지 않

는 개는?

전화번호를 모두 곱하면?

거꾸로 서나 바로 서나 똑같은 숫자는?

고집   0(공짜)   하룻강아지   0   1

우리나라에서 키가 가장 큰 사람은 몇 명일까?

천재 남편과 바보 아내가

결혼하면 어떤

아이를 낳을까?

일을 하려면

입을 열었다

닫았다 하는 것은?

세상의 어떤

것이나 금방 똑같이 그리는 것은?

귀는 귀인데 네 발 달린 귀는?

1명   갓난아기   가위   거울   당나귀

74

오른손을 들면 왼손을 들고, 왼손을 들면 오른손을 드는 것은?

거지가 말을 타고 가는 것은?

사람들이 다니기를 싫어하는 길은?

고래 2마리가 같이 소리 지르면?

목수들도 고칠 수 없는 집은?

꼬리는 꼬리인데 날아다니는 꼬리는?

아둥

야옹~!

꼬리가 날고 있는거야?

거울   거짓말   걱정거리   고래고래   고집   꾀꼬리

고래랑 사자랑 결혼해서 말이 태어났다. 그 말의

이름은?

비는 비인데

나라를 망치게

하는 비는?

제삿날과 생일이

같은 곤충은?

양은 양인데 많이 배운 사람에게 많은 양은?

넘어진 펭귄이 걷다가 또 넘어졌다. 일어나서 뭐

라고 말했을까?

거짓말　　과소비　하루살이　교양　괜히 일어났네

🖊 일 단은 외울 필요가 없는 것은?

🖊 지붕 위에서 하늘을 보고 담배 피우고 있는

것은?

🖊 굴 속에 들어

가서 밥을 퍼

내오는 주걱은?

🖊 닭은 닭인데

먹지 못하는

닭은?

🖊 눕힌 사다리 위

왔다갔다하며 달리는 것은?

🖊 북은 북인데 살아 있는 북은?

구구단   굴뚝   귀이개   까닭   기차   거북

하루 종일 하루에 천 리를 다녀와도 전혀 지치지 않는 것은?

때리면 때릴수록 소리치는 것은?

코끼리 두 마리가 서로 싸우다가 둘 다 코가 떨어져 나가는 것을 뭐라고 할까?

많이 먹으면 죽는데도 먹을 수밖에 없는 것은?

팽이는 팽이인데 때리면 죽는 팽이는?

꿈 속의 여행   꽹과리   끼리끼리   나이   달팽이

📝 백설공주는 뭘 먹고 죽었을까?

📝 그네는 그네인데 타지 못하는 그네는?

📝 추울 때 얼굴을 붉히면

붉힐수록

사람이

좋아하

는 것은?

📝 영원히 오지

않는 날은?

📝 눈치코치란?

📝 오백에서 백을 빼면 얼마일까?

나이 나그네 난로 내일 눈 때리고 코 때리고 오

79

온세상을 다 덮을 수 있는 것은?

머리 감으면서

가장 먼저

감는 곳은?

기뻐도 나오고

슬퍼도 나오고

매워도 나오는 것은?

맞아도 죽지도

아프지도 않지만 기분이 나빠지는 총은?

미소의 반대말은?

바나나 우유가 웃으면 무엇일까?

나이   눈꺼풀   눈물   눈총   당기소   빙그레

🖊️ 도둑 앞에 1000원과 10000원이 있다. 그

럼 도둑은 어떤 것을 주울까?

🖊️ 뒤에서 소리가 나면 돌아보는 까닭은?

🖊️ 다른 것은 다 비추어도 자기 발은 비추지 못하는 것은?

🖊️ 노래 자랑에 가서 '합격을 했다'를 세 자로 줄이면?

🖊️ 세균 중에서 우두머리 균은?

🖊️ 사람들이 겨울날 많이 찾는 끈은?

둘다 줍는다   뒤통수에 눈이 없으니까   등잔불
딩댕동   대장균   따끈따끈

81

눈코 뜰 새 없이 바쁜 때는?

구리는 구리인데 쓸모없는 구리는?

커다란 입

으로 무엇이든

지 잘 먹고

잘 쏟아내는 것은?

왕과 작별

인사를 하면?

소근
소근

그래?

저 다리
굉장히
오래된 다리야~

아주 오래 전에 건설된 다리 이름은?

바지 안에서 잃어버렸는데도 찾을 수 없는

것은?

머리 감을 때   멍텅구리   바구니
바이킹   구닥다리   방귀

많이 터지면 터질수록 좋은 것은?

게으른 사람은 평생 볼 수 없는 영화는?

가장 무서운 상사는?

놀부 여동생은 놀순이, 그러면 남동생의 이름은?

세상에서 가장 작은 시장은?

복   부귀영화   불상사   흥부   벼룩시장

📝 발이 네 개 있는 데도 발이 보이지 않는 것은?

가기만 하고 돌아오지 않는 것은?

📝 소금을 가장 비싸게 파는 방법은 무엇일까?

📝 금은 금인데 항상 손에 들고 다니면서도 팔지는 못하는 금은?

📝 도둑이 훔친 돈을 영어로 한다면?

📝 가지 말라고 아무리 부탁해도 가는 것은?

사발   소와 금으로 나누어 판다
손금   슬그머니   시간

바람 바람 바람을 세 글자로 하면?

남쪽으로 달리고 있는 원효대사의 머리카락

은 어느 쪽으로 날릴까요?

간장은 간장

인데 못 먹는

간장은?

밝을수록 잘 보이지

않는 것은?

여름에 땅을

파면 나오는 것은?

물은 물인데 사람들이 좋아하는 물은?

따 한 여름 에

파면 뭐가 나오니?

영차!

영차!

쌩쌩쌩	안 날린다	애간장
영화관 화면	땀	보물

🖊 짱구와 오징어의 차이점은?

🖊 너무 많이 웃어서 생기는 병은?

🖊 펴면 집이 되고 오 그리면 지팡이가 되는 것은?

🖊 소가 웃는 소리를 세 글자로 하면?

🖊 발 중에서 가장 못생긴 발은?

🖊 여름만 되면 바람을 피우는 것은?

오징어는 말릴 수 있지만 짱구는 못 말려   요절복통
우산   우하하   묵사발   부채

별은 별인데 가장 슬픈 별은?

굴 속에 흰 바위가 32개 나란히 놓여 있는

것은?

말을 하지 않으려

해도 어쩔 수 없이

하게 되는 것은?

꿈을 이루고자

하는 사람이

가장 먼저 해야 할

일은?

사람에게 사이렌을 울리며 다가오는 곤충은?

이별   입 속의 이   잠꼬대   잠   모기

하루 종일 눈 부릅뜨고 성난 모습으로 서 있는 것은?

오지 말라고 하여도 오고, 가지 말라고 해도 가는 것은?

사각형의 동생은 누구일까?

미소의 반대말은?

장승　　　세월　　　사각　　　당기소

🖍 창이 딴 사람에게 날아올 때 하는 말?

🖍 서울시민 모두가 동시에 외치면 무슨 말이

되까?

🖍 초가 꽉 차면?

🖍 단 한

마디로 깰 수

있는 것은?

🖍 펄펄 끓는

물에 손을 집어

넣었다를 한 자로 줄이면?

창피해   천만의 말씀(서울시민 천 만명)
초만원   침묵   악

쉴 때는 누워 있다가 일할 때는 한 다리로 서는 것은?

도둑이 가장 싫어하는 아이스크림은?

더울 때는 열고, 추울 때는 닫는 것은?

표정이 변하지 않고 추는 춤은?

성당에서 예배드리는 날을 세 글자로 하면?

팽이 누가봐 창문 탈춤 미사일

📎 비둘기의 나이는?

📎 다리가 달린 산은?

📎 객이 들어가서 주인을 밖으로 쫓아내는

것은?

📎 발버

둥치는

사람이

많이

모이는 곳은?

앞서갈게~

이런!

(9*9=81)   우산   열쇠   수영장

도둑이 가장 싫어 하는 아이스크림은?

새 중에서 가장 빠른 새는?

발로도 긁을 수 없는 등은?

굴리면 굴릴수록 커지는 것은?

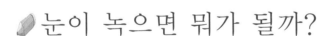

눈이 녹으면 뭐가 될까?

기뻐도 나오고 슬퍼도 나오고 매워도 나오는 것은?

누가봐   눈 깜짝할 새   손등   눈덩이   눈물   눈물

🪶 '개가 사람을 가르친다' 를 네 자로 말하면?

🪶 먹고 살기 위해 하는 내기는?

🪶 뛰면 주저앉고 주저앉으면 뛰는 것은?

🪶 가로

세로

두 줄

에서

싸우는 것은?

🪶 자기가 말하고도 모르는 것은?

개인지도　모내기　널뛰기　바둑　잠꼬대

교육

🪄 살아 있는 북은 ?

🪄 말은 말인데 타지 못하는 말은?

🪄 사람들이 가장

　 싫어하는

　 거리는?

🪄 뛰어가면

　 대드는 것은?

🪄 자기 집을 등에 지고 이사하는 것은?

거문고　거짓말　　걱정거리　바람　달팽이

갈 때는 못 가고 안 갈 때 가야 하는 것은?

언제나 말다툼이 있는 곳은?

경찰서의

반댓말은?

서울에서

부산까지

시속 200km

로 달리는 자동차가 있다. 한 시간 뒤에 이 자

동차는 어디에 있을까?

거리는 거리인데 사람이 다닐 수 없는 거리는?

건널목   경마장   경찰 앉아   경찰서   목걸이

키가 거꾸로 자라는 것은?

물고기 중에서 가장 학벌이 좋은 물고기는?

고래 2마리가

같이

소리

지르

면?

닭은 닭인데

먹지 못하는 닭은?

암탉은 어느 집에서 시집 왔을까?

천자문의 첫 자와 둘째 자는 얼마만큼 차이가 날까?

고드름   고등어   고래고래   까닭   꼬꼬댁   천지 차이

96

부모님들이 좋아하는 동네는?

불은 불인데 타지 않는 불은?

늘 화가

나 있는

동네는?

비는 비인데

꼭 피해 가야

하는 비는?

건망증이 심한 사람들이 잘 가는 산은?

효자동   염불   성내동   과소비   아차산

남자 뒤에 여자, 여자 뒤에 남자면 몇 사람

일까?

들어갈

때는

검은 얼굴,

나올 때는

흰 얼굴은?

낮에 보아도 밤인 것은?

때리고 훔치는 데도 칭찬받는 사람은?

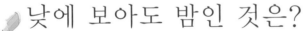

두 사람   연탄   먹는 밤   야구 선수

‘다섯 그루의 나무’를 심으면 무엇이 될까?

때리면 살고 안 때리면 죽는 것은?

동물원의 다 열려잇네요?

배고픈

사자가

철창

밖에 있는

사람들을

보고 한 말은?

어느 학교에서 피구를 하던 학생이 죽었다. 왜

일까?

오목   팽이   그림의 떡   금밟아서

🪨 때리면 살고 안 때리면 죽는 것은?

🪨 앉으면 높아지고 서면 낮아지는 것은?

🪨 적에게

  이기는

  것은?

🪨 언제나

  잠자지도

  않고 눈

  뜨고 있는 것은?

🪨 가위는 가위라도 못 쓰는 가위는?

팽이   천정   달리기   사진   한가위

거지가 가장 싫어하는 색은 ?

'위대한 사람' 이란?

화장실에
가면 소변과
대변 중 어느
것이 먼저
나올까?

좋은데?

글 중에서 가장 어지러운 글은?

속이 끓어오르는 사람이 쓴 글은?

등장 인물이 무척 많은 글은?

| 인색 | 위가 큰 사람 | 급한 것 | 빙글빙글 |
| | 부글부글 | 바글바글 | |

불은 불인데 타지 않는 불은?

가장 긴 역은?

김밥이

죽어서

가는

곳은?

'소는 소

인데 도저히

무슨 소인지 알 수 없는 소'를 네 자로 줄

이면?

그늘에만 들어가면 달아나는 것은?

염불   길음역   김밥천국   모르겠소   그림자

IQ 30이 생각하는 산토끼의 반대말은?

겨울에는

옷을 **산토끼** 반대말이

벗고 뭐지??

여름에는

옷을

입는

것은?

소는 소인데 날로 먹는 소는?

'공을 차려다 신발이 날아간 아이'를 뭐라고

하나?

끼토산   나무가지   채소   신나는 아이

태풍이나 폭풍우보다 더 무서운 비는?

길어질수록 다른 한 쪽이 짧아지는 것은?

혼자서는 못

타고 둘

이상이 되

어야 탈 수

있는 소는?

날아다니는 개는 솔개이다. 그러면 날아다니는 꼬

리는?

누구나 즐겁게 읽는 글은?

낭비   낮과 밤   시소   꾀꼬리   싱글벙글

세상에서 가장 무거운 풀은?

굴리면

굴릴수록

커지는

것은?

눈이 녹

으면 뭐가

될까?

기뻐도 나오고 슬퍼도 나오고 매워도 나오

는 것은?

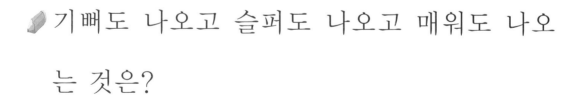

눈꺼풀   눈덩이   눈물   눈물

고체를 쪼개면 액체가 나오고 그 액체를 가

열하면 다시 고체가 되는 것은?

닭이 길을 가다가 넘어

지는 소리를

2자로 하면?

나도날고 싶어~

시원하지?

떡 중에 가장

급하게 먹는 떡은?

'엉엉 울다가 하하 웃는 사람'을 다섯 자로 줄

이면?

달걀   닭 꽝!   헐레벌떡   아까운 사람

음식

🖊 갓은 갓인데 쓰지 못하는 갓은?

🖊 아이스크림에는 있는데 얼음에는 없는 것은?

🖊 눈만 있으면 새끼를
칠 수 있는 것은?

🖊 약방에서 빠질 수
없는 것은?

🖊 뜨거운 동굴 속에 들어갔다 나오면 몇 배로
살찌는 것은?

쑥갓   크림   감자   감초   강냉이

간다고 해 놓고선 가지 않는 것은?

가장 학력이 좋은 물고기는?

늙으면 늙을
수록 정열적으로
변하는 것은?

골뱅이가 무에게
먼저 시비를 걸면?

아이 추워의 반대말은?

추워~

아이 오늘은 그 **반대** ~

가지   고등어   고추   골뱅이무침   어른   더워

🪨 마른 나뭇가지에 열매가 주렁주렁 열린 것은?

🪨 자는 자인데 잴 수 없는 자는?

🪨 나뭇꾼과 철문을 지나서 더운 물과 찬물로 몸을 씻는 것은?

🪨 들어갈 때는 한 입으로 들어가고 나올 때는 여러 입으로 나오는 것은?

🪨 굴은 굴이지만 들어가지 못하는 굴은?

곶감   과자   국수   국수   굴(먹는)

거꾸로 서면 비굴해지는 생선은?

막 보면 보름달, 쪼개 보면 반달, 먹고 보면 그믐달인 것은?

떡인데 상하지도 않고, 자기가 지니고 있는데도 먹지 못하는 것은?

검은 종이처럼 생겼지만 먹을 수 있는 것은?

김밥이 죽으면?

굴비 굴 그림의 떡 김 김밥천국

발가벗고 동굴 속으로 들어가는 것은?

가장 맛있게 먹는 떡은?

차는 차인데 바퀴가 없는 차는?

도둑이 가장 싫어 하는 아이스크림은?

사왔으면서 못 사왔다고 하는 것은?

껌   꿀떡   녹차   누가바   못

✏ 아이스크림이 죽으면?

✏ 고체를 깨면 액체, 그 액체에 열을 가하면 또 고체로 변하는 것은?

✏ 몸뚱이 하나에 커다란 입 하나 있다고 자랑하는 것은?

✏ 말도 못하고 듣지도 못하는 데 무엇이든 가르쳐 주는 것은?

✏ 늙으면 늙을수록 더 사람들에게 인기가 있는 것은?

다이하드   달걀   도넛   책   늙은 호박

112

🖊 아빠가 두 명 있고 엄마가 한 명 있는 걸 네 글자로
줄이면?

🖊 말과 행동이

다른 사람

이 즐겨 먹는 밥은?

🖊 작은 방에서

쌍둥이 형제가 살고

있는 것은?

🖊 삶으면 삶을수록 굳어지는 것은?

🖊 가운데에 큰 구멍이 났는데도 물에 가라앉지 않는
것은?

두부 한 모   따로 국밥   땅콩   계란   튜브

113

젊어서는 파란 옷을 입고 늙어서는 빨간 옷을 입는 것은?

먹지 않으면 볼 수 없는 것은?

닭은 닭인데 먹지 못하는 닭은?

모든 소들이 밭에서 일하고 있는데 옆에서 놀고 있는 소는?

가지는 가지인데 못 먹는 가지는 ?

대추   맛   까닭   깜찍이 소다   나무가지

🖊 빨간 얼굴에 검은 주근깨 투성이인 것은?

🖊 떡으로 끓이는 국은?

🖊 끓는 물에 목욕하고

찬물에 들어갔다가

침대에 눕는 것은?

🖊 녹색 치마를 입고

땅 밑에 흰 얼굴을

숨기고 있는 것은?

🖊 허수아비의 아들은?

🖊 비는 비인데 먹을 수 있는 비는?

딸기   떡국   메밀묵   무   허수   갈비

먹어도 배 부르고 안 먹어도 배부른 것은?

꽃도 안 피고 열매를 맺는 것은?

발 중에서 가장

못생긴 발은?

오리가 깔고

앉는 방석은?

콩나물이 먹는

밥은?

바나나가 웃으면 무엇일까?

항아리   무화과   묵사발   물   물   바나나킥

🔹 돼지가 열 받으면 어떻게 될까?

🔹 나무를 주면 살고 물을 주면 죽는 것은?

🔹 따끔이 속에

빠질이,

빠질이 속에

털털이, 털털이

속에 얌냠이가

있는 것은?

🔹 가죽 속에 털 난 것은?

🔹 들어갈 때는 무겁고 나올 때는 가벼운 것은?

바비큐   장작불   밤   밤송이   밥상

📝 작은 것은 잘 보는데 큰 것은 잘 보지 못하는 것은?

📝 맞을수록

고와지는

것은?

📝 기둥 끝에

지붕하나인

것은?

📝 머리 풀고

📝 화장하고 항아리에 들어가는 것은?

📝 물고기의 반대말은?

현미경   방아떡   버섯   배추   불고기

118

🖊 익을수록 고개를 숙이는 것은?

🖊 둘이 손잡고 불 속으로 뛰어드는 것은?

🖊 싸움한 사람에게 준비 됐어? 불 GO!

필요한 과일은?

🖊 새우와 고래가

싸웠는데

새우가 이겼다.

왜일까?

활 활 활

🖊 갓은 갓인데 쓰지 못하는 것은?

벼   부젓가락   사과   새우깡, 고래밥   쑥갓

잘 못했을 때 먹는 과일은?

강은 강인데 사람이 먹는 강은?

웃으면 이빨여이고 쏟아지는 것은?

'너희가 소녀시대 맞아?' 를 세 글자로 하면?

피(풀 이름)를 뽑아야 더 잘 자라는 것은?

사과   생강   석류   소시지   벼

하루만 지나도 헌 것이 되는 것은?

초록색 집에 빨간 방을 꾸며 놓고 까만

아이들이

모여 사는

것은?

사람이 흔히

먹는 제비는?

부잣집에서 버리는

50가지 밥은?

초는 초인데 불을 밝힐 수 없는 초는?

신문   수박   수제비   쉰밥   식초

박은 박인데 바가지를 못 만드는 박은?

날지 못하는 제비는?

입은 비스듬하고 그 속에 살덩이가 있는 것은?

해 보고

우는 것은?

먹고

성내고

울고 웃고

하는 것은?

물에서 태어

났으면서도 물에 빠지면 죽는 것은?

수박　수제비　소라　얼음　쌍쌍바　소금

말 많은 사람들이 입으로 만든 떡은?

옷을 벗기면 벗길수록 눈물이 나는 것은?

팔은 팔인데 소리를 내는 팔은?

나이를 먹을 수록 살찌는 것은?

오이가 무를 때렸다. 다음 날 신문에 어떤 기사가 났을까?

옷을 벗으면 온 몸이 이빨 투성이인 것은?

눈으로 보지 않고 입으로 보는 것은?

쑥떡   양파   나팔   열매   오이무침   옥수수   음식의 맛

✏️ 총은 총인데 쏠 수 없는 총은?

✏️ 사자는 왜 생고기를 먹을까?

✏️ 언제나

위로 흘러

가는 물은?

✏️ 먹지 않으면

볼 수 없는 것은?

✏️ 흙 속에 사는 아기든?

✏️ 세 사람만 탈 수 있는 차는?

말총	요리를 못해서	음식물
음식의 맛	인삼	인삼차

🖊 단단한 돌집 속에 살면서 큰 입 하나만 가지고 사

는 것은?

🖊 온몸에 구멍이 나서 슬픈 노래만 부르는 것은?

젊어서는

🖊 파란 옷을 입는데,

옷을 벗으면 하얀 것은?

🖊 푸른 집에 살다가

집이 노랗게

되면 발가

벗고 튀어 나오는 것은?

🖊 두 개의 머리가 몸 하나에 달려 있는 것은?

조개   통소   참외   콩   콩나물

개는 개인데 물 밑에 사는 개는?

김치만두가 김치에게 한 말은?

펭귄이 다니는 중학교는?

펭귄이 다니는 고등학교는?

누르거나 돌릴 때마다 딴소리를 하는 것은?

조개　　내안에 너있다　　냉방중　　냉장고　　라디오

앞에서부터 읽어도 뒤에서부터 읽어도 이름

이 똑같은 채소는?

흰머리,

흰 얼굴에

초록 치마를 입고 있는 것은?

자루는 자루인데

아무 것도

담을 수 없는

자루는?

동그란 아이들이 옹기종기 모여 거꾸러 매달려 있는

것은?

녹색주머니에 은돈을 넣고 있는 것은?

토마토 배추   빗자루 포도   풋고추

🖊️ 임꺽정이 타고 다니는 차는?

🖊️ 창피함을 모르는 사람의 나이는?

🖊️ 망치고 좋아

하는 사람은?

🖊️ 김은 김인데

못 먹는 김은?

🖊️ 꼬리가

없어지고

다리가 생기는 것은?

🖊️ 마귀는 마귀인데 나쁘지 않은 마귀는?

으라차차차! 넉살 어부 입김 개구리 까마귀

128

✏️ 차도가 없는 나라는?

✏️ 인도는 지금 몇 시인가?

✏️ 사람들이 즐거

운 때만

피는 꽃은?

✏️ 진짜 알

부자는

누구일까?

✏️ 떨어지지 않고 날아 오른 비는?

인도   인도네시아   웃음꽃   계란장수   나비   소문

떨어지지 않고 날아오른 비는?

문은 문인

데 누구도

가둘 수 없

는 문은?

코로 웃는

웃음은?

금은 금인데 사고 팔 수 없는 금은?

날아다니는 방울은?

땅 속에서 움직이는 철은?

나비   소문   비웃음   손금   비누방울   지하철 사람이 즐겨 먹는 제비는?

공부해서 남 주는 사람은?

엄마 아빠가 가장

좋아하는 공은?

갓 태어난

병아리가

찾는 약은?

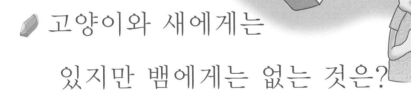

고양이와 새에게는

있지만 뱀에게는 없는 것은?

거꾸로 매달린 집에 방이 무수히 많은 것은?

수제비   선생님   성공   삐약   다리   벌집

초등 저학년
수수께끼

초판 발행 2023년 4월 10일

글 : 그림 편집부

펴낸이 서영희 | **펴낸곳** 와이 앤 엠

편집 임명아

본문인쇄 애드그린인쇄(주) | 제책 세림 제책

제작 이윤식 | 마케팅 강성태

주소 120-100 서울시 서대문구 홍은동 376-28

전화 (02)308-3891 | Fax (02)308-3892

E-mail yam3891@naver.com

등록 2007년 8월 29일 제312-2007-00004호

ISBN 979-11--9787-21-2-9 63710

본사는 출판물 윤리강령을 준수합니다.